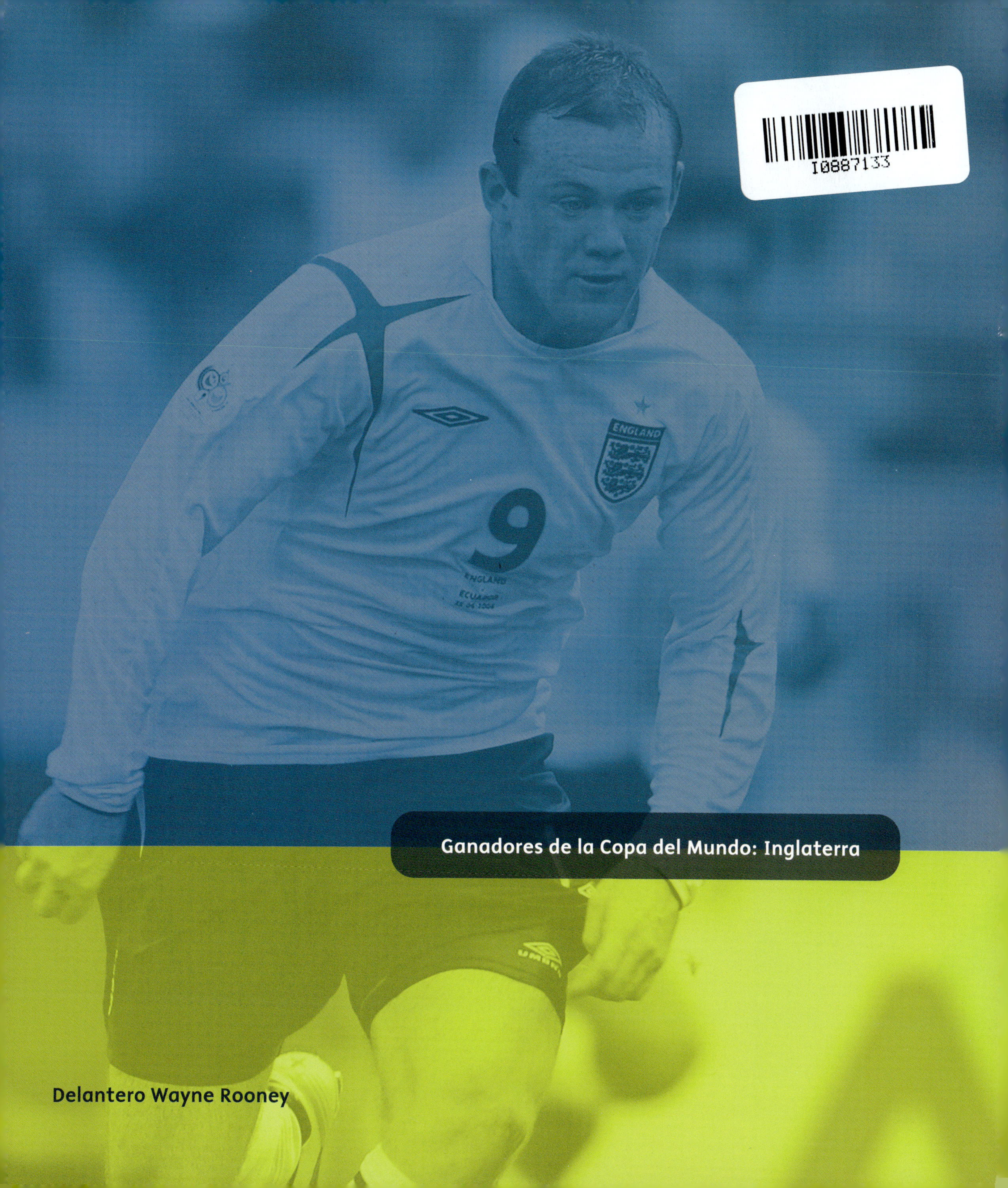

Ganadores de la Copa del Mundo: Inglaterra

Delantero Wayne Rooney

Delantero Alan Shearer

GANADORES DE LA COPA DEL MUNDO

INGLATERRA

JASON OLSON

CREATIVE EDUCATION / CREATIVE PAPERBACKS

Publicado por Creative Education y Creative Paperbacks
P.O. Box 227, Mankato, Minnesota 56002
Creative Education y Creative Paperbacks
son sellos editoriales de The Creative Company
www.thecreativecompany.us

Diseño de Blue Design (www.bluedes.com)

Imágenes de Getty Images/Catherine Ivill, 16, Dan Mullan, portada, 7, David Cannon, 15, Don Morley, 19, Hulton Deutsch, 12, Mike King/Allsport, 20, Richard Sellers/ Allstar, 2, 3, 10, 24, Stewart Kendall/Allstar, 1, Stu Forster, 5, Sylvain Sonnet, 9; Unsplash/Winston Tjia, 6; Wikimedia Commons/dominio público, 4
Se ha hecho todo lo posible por contactar con los titulares de los derechos de autor del material reproducido en este libro. Cualquier omisión será rectificada en impresiones posteriores si se notifica al editor.

Library of Congress Cataloging-in-Publication Data
Names: Olson, Jason, 1981- author.
Title: Inglaterra / Jason Olson.
Other titles: England. Spanish
Description: Mankato, Minnesota : Creative Education and Creative Paperbacks, [2026] | Series: Creative Sports. Ganadores de la Copa del Mundo | Includes index. | Audience: Ages 7-10 years | Audience: Grades 2-3 | Text in North American Spanish. | Summary: "England is the birthplace of soccer, and it won the FIFA World Cup in 1966. This elementary-level title, translated into North American Spanish, follows the "Three Lions" through thrilling soccer action as they seek another world soccer title"— Provided by publisher.
Identifiers: LCCN 2024054068 (print) | LCCN 2024054069 (ebook) | ISBN 9798889898993 (lib. bdg.) | ISBN 9781682779392 (paperback) | ISBN 9798889899785 (ebook)
Subjects: LCSH: Soccer—England—History—Juvenile literature. | World Cup (Soccer) (1966 : England)—Juvenile literature. | Football Association (England)—History—Juvenile literature.
Classification: LCC GV944.G7 O5718 2026 (print) | LCC GV944.G7 (ebook) | DDC 796.334/660942—dc23/eng/20241214

Impreso en la India

Mediocampista ofensivo Paul Gascoigne

El escudo de los Tres Leones

CONTENIDO

El país del equipo

Inglaterra es parte del Reino Unido, junto con Escocia, Gales e Irlanda del Norte. Su capital, Londres, es una de las ciudades más grandes del mundo.

A los ingleses les encanta el fútbol, y con razón. Su selección nacional es uno de los pocos equipos que ha ganado la Copa del Mundo. La Copa del Mundo es un torneo de fútbol a nivel mundial. Los países forman equipos con sus mejores jugadores. Cada cuatro años, compiten para convertirse en campeones del mundo.

Waterloo 211
abellio
BUS LANE

Mediocampista David Beckham

Tradiciones del equipo

La selección nacional de Inglaterra es conocida como "Los Tres Leones" por los tres leones en su camiseta. Los leones eran el escudo del rey Ricardo I, llamado Corazón de León.

Inglaterra juega al fútbol de estilo "route one". Este estilo se basa en pases largos y altos para que el balón llegue rápidamente a la portería del oponente. Los principales **rivales** de Inglaterra son Escocia, Alemania y Argentina.

Defensor central Bobby Moore

Historia del equipo

Las primeras reglas del fútbol moderno fueron creadas en Inglaterra en 1863. Inglaterra y Escocia empataron 0-0 en el primer partido internacional en 1872.

Inglaterra participó por primera vez en la Copa del Mundo en 1950. En 1966, ganó su única Copa del Mundo como anfitrión. En la final, Inglaterra derrotó a Alemania Occidental 4-2 durante la prórroga. Geoff Hurst anotó un **triplete**. La victoria desató una gran celebración en la nación. El capitán Bobby Moore aceptó el trofeo de la mano de la Reina Isabel II después de la final.

Alemania Occidental eliminó a Inglaterra en los cuartos de final en 1970. Los alemanes iban perdiendo 2-0. Sin embargo, lograron remontar para ganar 3-2. Los goles de la "Mano de Dios" y el "Gol del Siglo" ayudaron a Argentina a derrotar a Inglaterra 2-1 en los cuartos de final de 1986. Alemania Occidental superó a Inglaterra 4-3 en una tanda de penales en las semifinales de 1990.

Argentina frente a Inglaterra, 1986

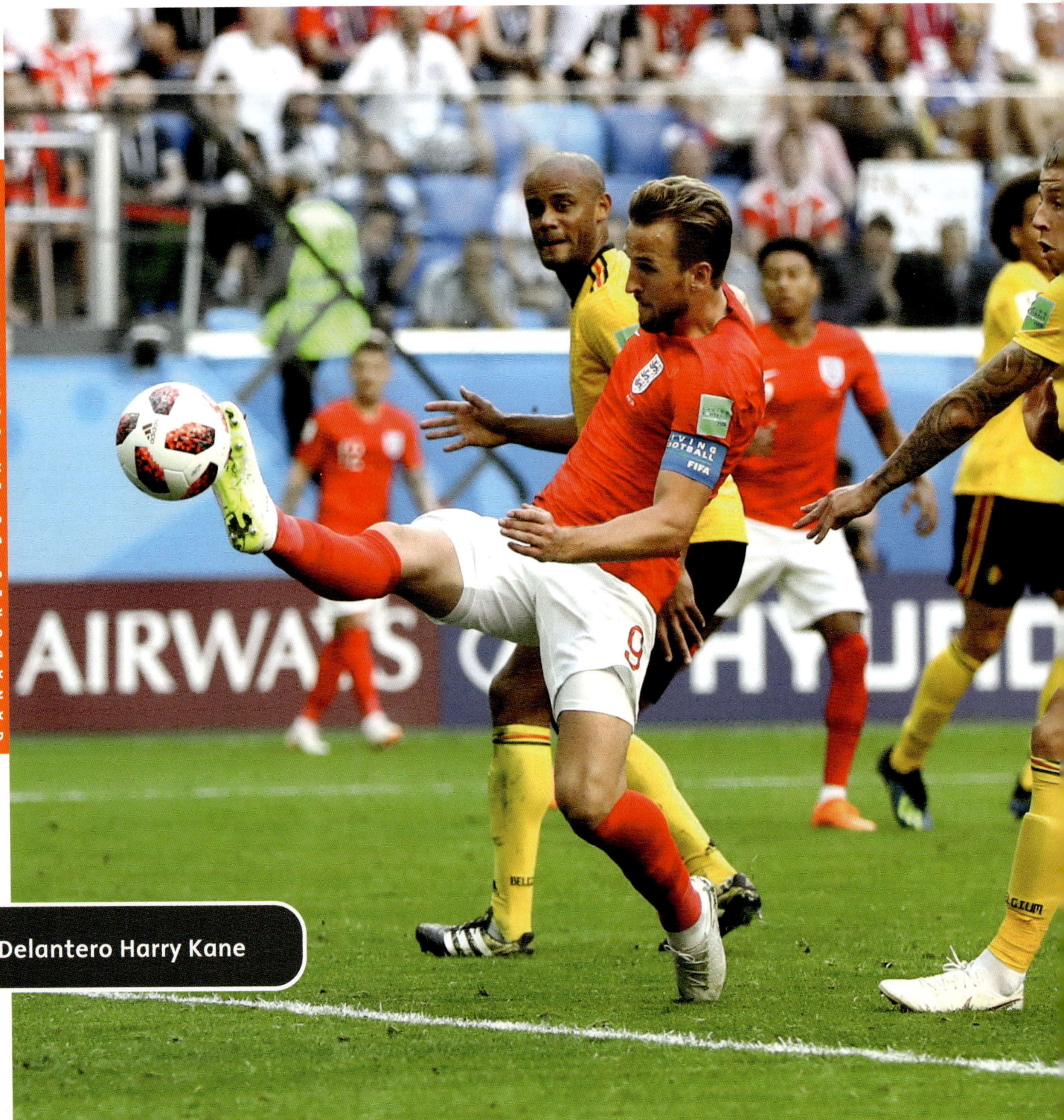

Delantero Harry Kane

Gareth Southgate se convirtió en entrenador en 2016. El equipo llegó a las semifinales de la Copa del Mundo de 2018, pero perdió contra Croacia 2-1 en la prórroga. El delantero estrella de Inglaterra, Harry Kane, fue el máximo goleador del torneo. Anotó seis goles para ganar la **Bota de Oro**.

Estrellas del equipo

Inglaterra ha tenido muchas grandes estrellas en su historia. Sir Bobby Charlton es conocido por su tiro de larga distancia con ambos pies. Anotó 49 goles en 106 partidos. Charlton rara vez rompió las reglas y recibió solo dos tarjetas amarillas a lo largo de su carrera. Ganó el **Ballon d'Or** y el **Balón de Oro** en 1966. Bobby Moore es uno de los mejores defensores de todos los tiempos. Jugó 108 partidos para Inglaterra.

Mediocampista Bobby Charlton

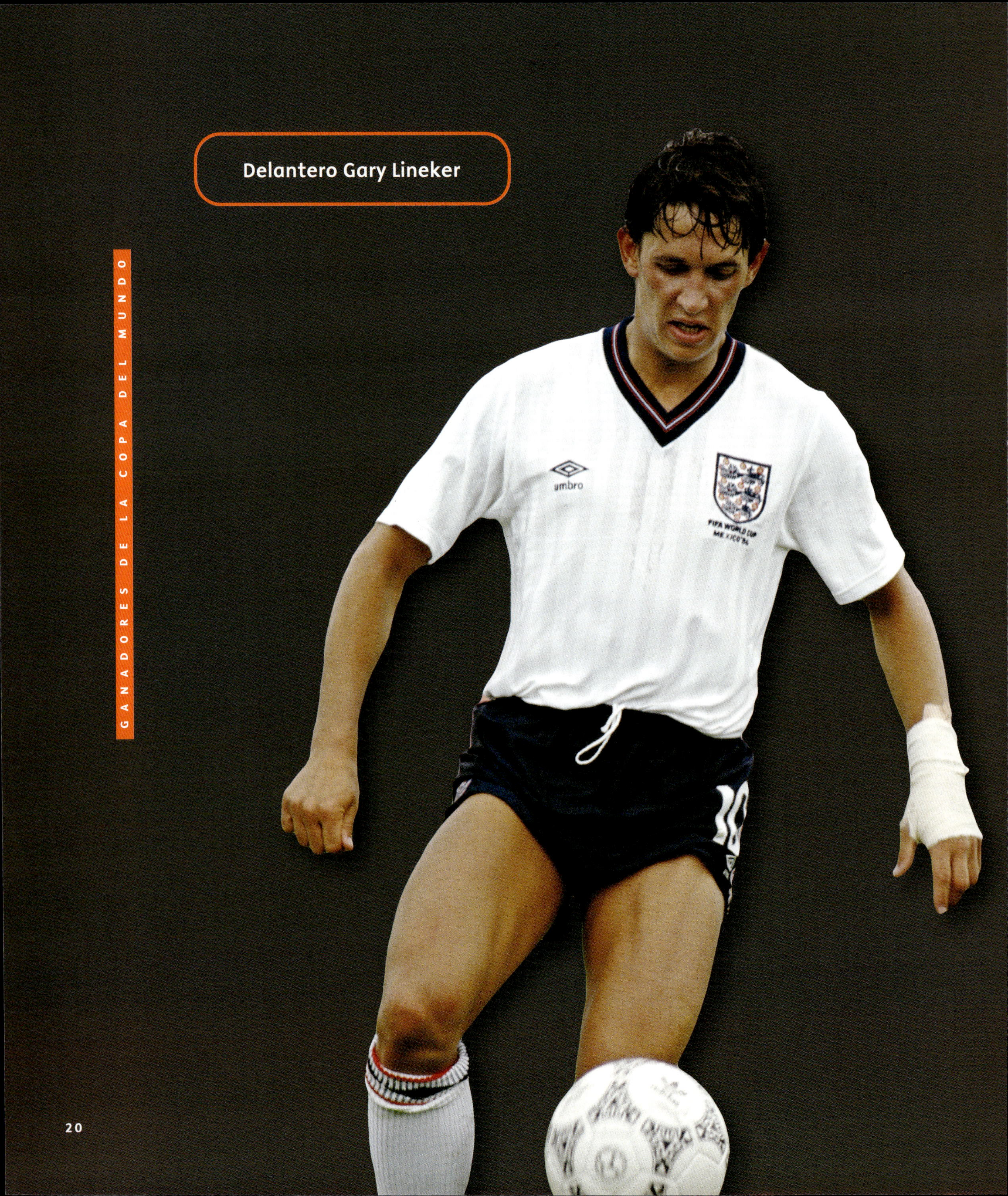

Delantero Gary Lineker

INGLATERRA

Gary Lineker ostenta el récord del equipo de goles en partidos de Copa del Mundo, con 10 goles. El portero Peter Shilton tiene el récord de **partidos internacionales** jugados, con 125 partidos a lo largo de 20 años de carrera. Kane está en la cima de la lista más reciente, con 66 goles en 98 partidos. Jude Bellingham y otros jóvenes jugadores esperan traer otra Copa del Mundo a Inglaterra pronto.

Acerca de la selección nacional de Inglaterra

Primer año: 1872

Colores del equipo: blanco, rojo, azul marino, negro

Estadio local: Estadio de Wembley

VICTORIA EN LA COPA DEL MUNDO:

1966, 4-2 contra Alemania Occidental

SITIO WEB

https://www.englandfootball.com/

Glosario

Ballon d'Or: un premio otorgado cada año al mejor jugador de fútbol del mundo

Balón de Oro: un premio otorgado al mejor jugador de cada Copa del Mundo

Bota de Oro: un premio otorgado al jugador con más goles en un torneo

partido internacional: un encuentro oficial jugado para una selección nacional de fútbol

rival: un equipo que juega muy duro contra otro equipo

triplete: cuando un jugador anota tres goles en un partido

Mediocampistas Jude Bellingham (izquierda) y Conor Gallagher (derecha)

Índice alfabético